DISCOURS

PRONONCÉS

LE 24 DÉCEMBRE 1889, AU CIMETIÈRE MONTMARTRE

SUR LA TOMBE DE

M. ERNEST HAVET

MEMBRE DE L'INSTITUT
(ACADÉMIE DES SCIENCES MORALES ET POLITIQUES)
PROFESSEUR HONORAIRE AU COLLÈGE DE FRANCE
DIRECTEUR D'ÉTUDES A L'ÉCOLE DES HAUTES ÉTUDES (SECTION DES SCIENCES RELIGIEUSES)
ANCIEN PRÉSIDENT
DE L'ASSOCIATION DES ANCIENS ÉLÈVES DE L'ÉCOLE NORMALE
COMMANDEUR DE LA LÉGION D'HONNEUR ET MEMBRE DU CONSEIL DE L'ORDRE

NÉ A PARIS LE 11 AVRIL 1813
DÉCÉDÉ A PARIS LE 21 DÉCEMBRE 1889

PARIS
1890

DISCOURS

PRONONCÉS SUR LA TOMBE

DE

M. ERNEST HAVET

MACON, IMPRIMERIE PROTAT FRÈRES

DISCOURS

PRONONCÉS

LE 24 DÉCEMBRE 1889, AU CIMETIÈRE MONTMARTRE

SUR LA TOMBE DE

M. ERNEST HAVET

MEMBRE DE L'INSTITUT
(ACADÉMIE DES SCIENCES MORALES ET POLITIQUES)
PROFESSEUR HONORAIRE AU COLLÈGE DE FRANCE
DIRECTEUR D'ÉTUDES A L'ÉCOLE DES HAUTES ÉTUDES (SECTION DES SCIENCES RELIGIEUSES)
ANCIEN PRÉSIDENT
DE L'ASSOCIATION DES ANCIENS ÉLÈVES DE L'ÉCOLE NORMALE
COMMANDEUR DE LA LÉGION D'HONNEUR ET MEMBRE DU CONSEIL DE L'ORDRE

NÉ A PARIS LE 11 AVRIL 1813
DÉCÉDÉ A PARIS LE 21 DÉCEMBRE 1889

PARIS
1890

DISCOURS DE M. BOUILLIER

Messieurs,

Hélas! nous allons de deuil en deuil, de funérailles en funérailles! Hier, nous suivions la tombe de M. Charles Lucas, aujourd'hui celle de M. Havet. Pour M. le Secrétaire perpétuel et pour moi, Havet n'était pas seulement un confrère excellent, mais un vieux camarade. Nous nous connaissions, et nous ne nous étions jamais perdus de vue, depuis l'École normale.

Il y était entré en 1832, reçu à la fois au premier rang dans les Lettres et dans les Sciences. Sa taille était grande et mince, avec toutes les apparences d'une faible constitution; en vivant jusqu'à soixante-seize ans il a heureusement trompé plus d'un fâcheux pronostic. Il avait l'air plus jeune que son âge; sur sa figure était une expression de bonté et de douceur, je dirais presque de candeur, qu'il a gardée jusqu'à la fin.

Je le vois se promener à chaque récréation, bras dessus, bras dessous, toujours avec le même camarade, avec Cartelier, d'aussi grande taille que lui, mais plus frêle encore et plus délicat d'apparence. Pour qui a connu Havet, il est impossible de parler de lui sans nommer Cartelier, et sans rappeler cette amitié tendre qui les a unis à l'École et après l'École, jusqu'à ce que la mort les ait séparés. Cartelier, mort jeune encore, avait laissé dans ses papiers une traduction du discours d'Isocrate qu'Havet a publiée avec le texte et des notes. Il a mis en tête une notice consacrée à la mémoire de son ami, où se montre tout ce qu'il y avait de délicatesse et de cœur dans ces deux âmes qui, comme il le dit, étaient si mêlées l'une à l'autre.

Il quitta l'École, mais pour bientôt y revenir en qualité de maître de conférences grecques et françaises, après un court stage en province, et après une thèse brillante sur la rhétorique d'Aristote, qui demeure un modèle de savoir, de critique et de goût.

De l'École il passa à la Sorbonne, où il a quelque temps suppléé Victor Le Clerc, puis de la Sorbonne, comme titulaire, à la chaire d'éloquence latine du Collège de France. C'est là qu'il a professé pendant bien des années devant un public studieux, attiré par ses savantes leçons et par sa parole facile et élégante, souvent incisive, toujours sûre d'elle-même.

Autant il était bon, doux, conciliant, timide même, du moins en apparence, dans ses rapports avec les personnes, autant il était ferme, je dirai presque intransigeant, dans ses convictions et autant il repoussait loin toute sorte d'accommodement quand il s'agissait de ce qu'il croyait la vérité.

Passionné pour la liberté politique, il fut toujours un ennemi de l'Empire, contre lequel, dans ses leçons et dans ses discours d'ouverture, il ne se faisait pas faute de lancer plus d'une épigramme sous le couvert transparent des orateurs et des historiens romains.

Il s'est montré encore plus hardi et plus indépendant dans le domaine de la critique religieuse. Que de violentes attaques, dont d'ailleurs il ne s'est nullement ému, n'ont pas soulevées contre lui à leur apparition chacun des quatre volumes de ses *Origines du Christianisme !*

S'il est une Académie qui soit et qui doive être largement ouverte à tous les systèmes, à toutes les opinions, assurément c'est la nôtre. Nous en avons donné la preuve en recevant Havet parmi nous, malgré tout le bruit des *Origines du Christianisme*, malgré toutes les hardiesses de sa très libre pensée.

Cependant, toute question d'orthodoxie mise à part, quelques-uns lui ont reproché de n'avoir pas témoigné, à l'exemple d'un illustre confrère qui a abordé non moins librement ces mêmes questions, une sympathie respectueuse pour cette touchante et admirable figure du fondateur du christianisme. Il semble que quiconque est ami de ceux qui souffrent, comme il l'était lui-même assurément, devrait, je ne dis pas adorer, mais au moins aimer et vénérer celui qui, voyant ce pauvre peuple qui l'avait suivi, affamé, dans le désert, dit à ses disciples : « *Misereor hanc turbam*, j'ai pitié de cette foule. » Pour cette belle et grande parole, pour tant d'autres encore connues de tous, et pour le bien qu'elles ont fait aux déshérités de ce monde, il aurait dû trouver grâce, s'il est permis de parler ainsi, devant les plus dures sévérités de la critique rationaliste de notre temps.

Il a aussi semblé à plusieurs qu'au point de vue des véritables origines du christianisme, Havet faisait la part trop grande à la Grèce dans la formation du dogme nouveau. Sans doute il connaissait mieux la Grèce que la Judée.

Je passe à un autre grand travail d'Havet, le *Commentaire de Pascal*, qui n'a pas soulevé autant de critiques, ou plutôt qui a réuni tous les suffrages des linguistes, des littérateurs et des philosophes. Victor Cousin avait fait connaître le premier le texte véritable et le véritable esprit des *Pensées;* le texte entier avait été publié pour la première fois par Faugère; Havet, le premier, y a joint un commentaire continu, où, comme il le dit dans la préface, se trouvent toutes les explications, tous les renseignements que peuvent désirer ceux qui les lisent. Le commentateur, qui ne ressemble en rien à ceux dont Malebranche s'est raillé, a tenu pleinement parole. Linguiste, philosophe et même théologien, jamais son érudition n'est en défaut. Il n'a rien laissé, en effet, qu'il n'ait expliqué soit dans le fond, soit dans la forme des *Pensées*.

Des *Pensées* il a passé aux *Provinciales*, sur lesquelles il a fait un travail analogue avec le même succès. Dans des notes fines et piquantes, non moins que savantes et exactes, il éclaire toutes les questions controversées, il indique toutes les sources où Pascal a puisé; il juge les doctrines et les cas de conscience en discussion, et fait impartialement la part pour chacun des personnages en scène de la vérité et de l'erreur; il n'est pas même trop sévère pour les jésuites. Rien de Pascal, on peut le dire, ne lui a échappé.

En terminant, j'ai à m'excuser auprès de tous ceux qui l'ont connu et aimé, auprès de ses anciens auditeurs et élèves, auprès de tous les professeurs qu'il a formés, de n'avoir fait qu'un tableau si incomplet et superficiel du confrère et du maître éminent que nous venons de perdre.

Le Gouvernement n'avait pas méconnu ses mérites; il était commandeur de la Légion d'honneur et membre du Conseil de l'Ordre.

Enfin, ses derniers moments ont dû être adoucis par la pensée qu'il laisse après lui deux fils qui marchent sur les traces de leur père, l'un bibliothécaire à la Bibliothèque nationale, l'autre déjà jugé digne de lui succéder dans cette chaire du Collège de France qu'il a lui-même occupée si longtemps et avec un si grand éclat. Tous les deux avaient été formés à une bonne école.

DISCOURS

DE

M. RENAN

MEMBRE DE L'ACADÉMIE FRANÇAISE

ET DE L'ACADÉMIE DES INSCRIPTIONS ET BELLES-LETTRES

ADMINISTRATEUR DU COLLÈGE DE FRANCE

DISCOURS DE M. RENAN

Messieurs,

Le collègue illustre à qui nous disons aujourd'hui le dernier adieu fut un serviteur éminent de la plus grande œuvre de notre siècle, la recherche obstinée de la vérité. Ce savant était avant tout un honnête homme de race française. Comme Descartes, il n'aimait que les idées claires, exprimées clairement. Le génie de l'Allemagne (quand on pouvait parler d'un génie allemand) a percé plus profondément peut-être dans les abîmes qui nous serrent de si près; mais Havet sera cité, dans des siècles, pour avoir le premier jeté sur les problèmes qui ont le plus troublé les âmes quelques mots justes, fermes, sobres et froids. Il croyait, et je crois comme lui, que le temps des voiles officieux est passé, qu'il ne sert de rien de distinguer entre les vérités bonnes à dire et celles qui ne le sont pas, puisqu'on ne trompe plus personne et que la masse de l'espèce humaine, lisant dans les yeux du penseur, lui demande sans ambages si au fond la vérité n'est pas triste. Le seul moyen de consoler un peu la pauvre humanité, c'est de la bien persuader que nous ne lui cachons rien, et que nous agissons avec elle, non en rhéteurs préoccupés de soucis politiques et pédagogiques, mais en savants d'une absolue sincérité.

Havet ne dissimula jamais aucune nuance, même fugitive, de sa pensée. Il croyait à la civilisation, à la raison, à cette lumière de la conscience humaine, qui nous révèle quelques traits de la vérité, quelques règles du bien. Pour lui l'histoire de cette révélation, la seule réelle, était claire dans ses lignes essentielles. Née en Grèce, cette terre mère de toutes les harmonies, la raison, sous des noms divers, et non sans d'étranges alliages, fait le tour du monde. Ce soleil dont Rome, à sa grande époque, eut de si beaux reflets, ne disparaît jamais complètement. L'humanité en vit. Les idées surnaturelles de l'Orient, la décadence du monde antique, les invasions des barbares le voilent sans l'éteindre. Le christianisme, dans ses parties vitales, n'est qu'un viatique composé de bonnes idées grecques et savamment préparé pour la triste nuit de mille ans à laquelle l'aurore de la Renaissance a mis fin. Tout vient ainsi d'une seule éclosion lumineuse. La Grèce a préparé le cadre scientifique, susceptible d'être indéfiniment élargi, et le cadre philosophique, susceptible de tout embrasser, où n'ont cessé de se mouvoir, depuis deux mille ans, les efforts intellectuels et moraux de la race à laquelle nous appartenons.

Laissons de côté de mesquines réserves (j'en aurais, comme historien d'Israël, quelques-unes à faire); notre collègue est dans le vrai. La culture grecque ne demande aucun sacrifice à la raison; la culture venue d'Orient en demande, puisque jamais un fait n'est venu prouver qu'un être supérieur ait fait à un homme ou à des hommes une révélation quelconque. L'idéal (*to kalon*) de la Grèce est bien la vie humaine tout entière, embellie, ennoblie. Suivre ce grand cordon d'eau vive, ce Nil bleu qui traverse les déserts, fut la tâche de Havet. Il s'en acquitta avec une sorte de foi. Jamais croyant ne fut plus fidèle à son dogme que Havet à sa philosophie.

Oui, je le répète, il avait raison. La Grèce a créé la vérité, comme elle a créé la beauté. D'un autre côté, nos races celtiques et germaniques ont bien eu quelque part à la fondation de ce qui peut s'appeler honnêteté, droiture de cœur. Tout ce qu'il y a de meilleur dans le christianisme, nous l'y avons mis, et voilà pourquoi nous l'aimons, voilà pourquoi il ne faut pas le détruire. Le christianisme, en un sens, est bien notre œuvre, et, en y cherchant la trace de nos sentiments les plus intimes, Havet ne cherchait pas une chimère. Le christianisme, c'est nous-mêmes, et ce que nous aimons le plus en lui, c'est nous. Nos vertes et froides fontaines, nos forêts de chênes, nos rochers y ont collaboré. Dans l'ordre des choses de l'âme, notre charité, notre amour des hommes, notre sentiment tendre et délicat de la femme, le suave et subtil mysticisme d'un saint Bernard ou d'un François d'Assise, viennent bien plutôt de nos ancêtres, païens peut-être, que de l'égoïste David, ou de l'exterminateur Jéhu, ou du fanatique Esdras, ou du strict observateur Néhémie.

Havet comprit à merveille tout cela et l'exprima en un style parfait. Son livre des *Origines du Christianisme*, qui ne traite qu'un côté du sujet, le traite d'une façon définitive. C'est un livre inflexible. Havet croit au vrai; il ne transige pas. Venez lui dire qu'en rejetant les vieilles croyances traditionnelles, on rejettera en même temps des choses excellentes; que ces conventions aimées, acceptées, sont comme des postulats de la vie; il vous dira que l'utilité sociale prétendue ne saurait être la mesure de la recherche des choses. Le premier abord de la vérité est rarement agréable. Ce n'a jamais été impunément jusqu'ici qu'on a eu raison. Le Grec qui osa dire que le soleil pouvait bien être gros comme le Péloponnèse fut traité non seulement de fou, mais de malfaiteur. Les modérés le tinrent pour un esprit faux, exagéré; il fut mis à mort, dit-on. De nos jours, cela n'arrive plus. Havet fut injurié par toutes les routines coalisées, par l'entente secrète de toutes les faiblesses; il tint ferme, resta calme et finit par l'emporter.

Honneur donc, Messieurs, à cet illustre ami de la vérité! Il fut une des gloires de notre race. Il ressentit tous les besoins légitimes de son siècle, sans participer à aucune de ses fautes. Sa grande âme traversa le monde, sans autre souci que le vrai. Les séductions, les charmes décevants de la probabilité ne l'attiraient pas. Il n'aimait que le certain; les mirages lui échappèrent; il ne vit que ce qui dure, la raison. Le triomphe de la raison sera sa récompense. Une récompense! A vrai dire, nous n'en voudrions pas. Nous avons servi la vérité dans les tristes conditions que le sort a faites à l'espèce humaine. Voilà notre récompense, nous n'en voulons pas d'autre. *Nil nisi te, Domine; nil nisi te.*

Adieu, cher collègue. Vous avez combattu le bon combat, le combat pour le vrai, pour la raison. Nous attendrons longtemps sans doute le triomphe de notre cause. Mais nous avons l'éternité pour attendre. Nos ancêtres du Collège de France qui fondèrent le vrai, à travers la persécution, la pauvreté, en virent bien d'autres : Ramus, qui se fit tuer pour la correction des principes de notre institut; Denys Lambin, qui vit son sort écrit dans celui de Ramus; tant de modestes « professeurs de langues », comme on nous appelait, qui bravèrent l'orgueilleuse Sorbonne d'alors! Plus heureux qu'eux, nous aurons aperçu le vrai, sans beaucoup souffrir pour lui. Votre sort, d'ailleurs, ne fut-il pas digne d'envie? Dans une inscription funéraire, trouvée en Syrie, le passant est censé consoler ainsi le mort : « Courage, puisque tu es mort sans avoir eu à pleurer aucun de tes enfants et en laissant vivante l'épouse que tu aimais! » Ce dernier bonheur ne vous fut pas réservé ; la perte d'une épouse digne de vous fut une des tristesses qui assombrirent vos dernières années. Mais vous laissez après vous deux fils que nous aimons, héritiers de votre méthode et de votre savoir. Vous laissez une œuvre complète, dont tous les amis du vrai sauront profiter. Courage, cher Havet, courage !

DISCOURS

DE

M. ALBERT RÉVILLE

PROFESSEUR AU COLLÈGE DE FRANCE

PRÉSIDENT

DE LA CINQUIÈME SECTION DE L'ÉCOLE DES HAUTES ÉTUDES

(SCIENCES RELIGIEUSES)

DISCOURS DE M. A. RÉVILLE

Messieurs,

En qualité de président de la 5e section de l'École pratique des Hautes Études, je tiens, au nom de mes collègues et au mien, à joindre l'hommage de nos profonds regrets et de notre gratitude aux tributs si mérités d'estime affectueuse et d'admiration recueillie qui viennent d'être déposés sur le seuil de cette tombe encore ouverte devant nous.

Ernest Havet appartenait à l'élite scientifique, philosophique et littéraire de notre pays. Des voix éloquentes ont rappelé bien mieux que je ne saurais le faire les mérites exceptionnels du savant, du penseur et de l'écrivain. Je dois me borner à rappeler avec reconnaissance la place qu'il avait consenti à occuper dans cette section des Sciences religieuses que j'ai l'honneur de présider.

Quand, il y aura bientôt quatre ans, la section fut organisée par l'initiative éclairée du Directeur de l'Enseignement supérieur (M. Liard), le nom d'Ernest Havet fut au premier rang de ceux que l'on put opposer aux hésitants qui, pour raisons de nature diverse, se demandaient si cette création nouvelle était bien nécessaire ou même si elle était conseillée par cette prudence, cette impartialité scrupuleuse qui sont la tradition et l'honneur de l'Université de France. Il y a toujours quelque chose de très délicat dans les études publiques roulant, non pas sur les croyances religieuses elles-mêmes, que nous n'avons ni à combattre ni à défendre, mais sur les domaines qui les côtoient, sur leurs origines, leur histoire, leurs évolutions successives. Il y a pourtant là tout un vaste champ d'érudition spéciale. Nous ne pouvions toujours en laisser le monopole aux étrangers, et l'École des Hautes Études, essentiellement vouée aux travaux d'érudition, offrait dans sa modestie et son désintéressement un cadre tout indiqué pour que des hommes, d'opinions différentes, mais animés d'un même esprit d'indépendance, de largeur et de sérieux scientifique, missent en commun leurs efforts, afin d'enrichir notre science nationale d'un ordre de recherches, trop négligé peut-être pendant longtemps et pourtant indispensable à l'universalité, je veux dire au caractère encyclopédique de ses légitimes prétentions.

Mais il y avait plus que de la modestie, il y avait de l'abnégation dans l'empressement avec lequel ce membre éminent de l'Institut, ce professeur honoraire au Collège de France consentait à mettre ce qui lui restait de forces au service d'un enseignement d'érudition laborieuse, sans retentissement comme sans résultats immédiats, uniquement parce qu'il y trouvait l'occasion de travailler jusqu'à son dernier souffle à l'œuvre de lumière dont il avait été toute sa vie l'un des plus laborieux ouvriers, — cette œuvre, Messieurs, qui est loin d'être achevée, mais qui avance tous les jours, grâce au dévouement collectif des amants de la vérité, qui l'aiment avant tout pour elle-même et se tiennent pour suffisamment récompensés de l'avoir adorée et servie de tout leur cœur.

La présidence de la section nouvelle fut offerte à son vénérable doyen. Avec la même simplicité qui avait inspiré son acceptation de l'une des chaires qu'on venait de créer, Ernest Havet déclina le titre que nous voulions tous lui conférer. Il craignit que ses forces déjà diminuées ne le trahissent, et nous eûmes l'honneur, je dirai presque la confusion, de voir notre collègue le plus âgé, le plus distingué, le plus célèbre, s'asseoir au milieu de nous dans les conditions d'une entière égalité, apportant à nos délibérations, avec les trésors de son expérience, la sérénité de sa belle âme et l'exquise bonté de son cœur.

Il a travaillé parmi nous, avec nous, aussi longtemps qu'il l'a pu. Nous avons été honorés de sa suprême participation active au haut enseignement de notre pays. Peu de jours avant que le doigt de la mort vînt le marquer pour le départ éternel, il avait repris la direction de ses conférences. Il put faire encore quatre leçons. Le vieux professeur est tombé au champ d'honneur.

Il ne m'appartient pas, ici moins que partout ailleurs, de porter un jugement sur l'œuvre de critique religieuse élaborée par Ernest Havet. Des divergences d'opinion sur un domaine qui sera peut-être toujours par excellence celui des discussions entre les hommes, ne sauraient m'empêcher de rendre le plus complet et le plus désintéressé des hommages à la sincérité de ses recherches et à l'élévation de ses idées. Au contraire, ces divergences mêmes m'encouragent à exprimer cet hommage avec tout le respect, toute la vénération dont je suis capable. Ernest Havet fut une grande intelligence, un noble cœur, une grande conscience. Profondément expert dans l'art de bien dire et de bien écrire, amoureux jusqu'à la fin de cette belle antiquité grecque et latine, dont avec tant de goût, une érudition si sûre, il nous a révélé tant de perles oubliées ou inconnues, il vécut dans le culte du beau et du vrai, ce qui est vivre aussi dans celui du bien.

Et puissé-je ne froisser personne dans l'expression que je donne à ma manière de comprendre une belle existence comme la sienne! Je dis que ce culte, cet amour passionné du beau et du vrai, par conséquent du bien qui les réunit et les domine, c'est la substance même de l'amour de Dieu, et que ceux qui se sont alimentés de cette substance éternellement vivifiante, ceux qui se sont abreuvés à longs traits à cette source qui jaillit au ciel pour tomber en rosée fécondante sur les âmes d'élite, ceux qui ont prêté une oreille docile, avide, à cette révélation permanente d'un ordre de choses supérieur à nos misères physiques et morales, ceux-là doivent être rangés parmi les hommes dont la faim et la soif spirituelles sont prophétiques, parce qu'elles prédisent, parce qu'elles promettent, parce qu'elles garantissent le rassasiement.

DISCOURS

DE

M. GASTON BOISSIER

MEMBRE DE L'ACADÉMIE FRANÇAISE

ET DE L'ACADÉMIE DES INSCRIPTIONS ET BELLES-LETTRES

PRÉSIDENT

DE L'ASSOCIATION DES ANCIENS ÉLÈVES DE L'ÉCOLE NORMALE

DISCOURS DE M. G. BOISSIER

MESSIEURS,

Je viens adresser à M. Havet le dernier adieu des anciens élèves de l'École normale. Lorsqu'en 1846, sous la direction de Cousin, ils eurent la pensée de se réunir pour resserrer les liens qu'avait formés entre eux la fraternité de l'École et venir en aide à leurs camarades malheureux, M. Havet fut un des premiers qui apporta son nom et son concours à notre association naissante. Il devint bientôt membre du Conseil d'administration, et, à la mort de M. Patin, il en fut nommé président. Ses fonctions ont duré sept ans; et pendant ce septennat, comme il l'appelait gaiement, il a donné à tous ses collègues l'exemple du zèle et de l'assiduité. Il venait le premier à nos réunions et partait toujours après tous les autres. Ce grand corps frêle, qu'un souffle courbait, semblait se raidir, et bravait toutes les fatigues, lorsqu'il s'agissait d'accomplir un devoir. Tous les ans, quand se tenait l'assemblée générale, il nous entretenait de nos besoins, de nos succès, de nos pertes. Pour nous parler de nos morts, il trouvait de ces mots qui vont au cœur, parce qu'ils en viennent. Ces petits discours n'avaient jamais rien de banal, parce qu'en tout ce qu'il disait, il mettait son âme. Lorsqu'il vit que ses soixante-dix ans approchaient, il résolut de prendre congé de la vie active, et résigna toutes ses fonctions. Il cessa dès lors de nous présider, mais continua de faire partie de notre Conseil et de nous aider dans notre tâche. Jusque dans ces derniers mois, quand sa vue affaiblie lui permettait à peine de se conduire, nous le voyions arriver à tâtons, s'asseoir à nos côtés, chercher avec nous les moyens d'accroître notre petite fortune, et, avec des ressources, hélas! bien bornées, de soulager le plus de misères possible. Nous étions heureux de le voir, de l'entendre, de lui demander ses avis, de profiter de son expérience, de jouir de cette jeunesse de cœur que l'âge n'a jamais glacée. Il n'était personne, parmi nous, qui ne fût fier de lui, et ne le regardât comme un de ces hommes qui sont l'honneur d'une grande école.

Quant à moi, cher maître, il y a quelque quarante ans que j'entendis pour la première fois votre parole dans nos petites salles de conférences de la rue Saint-Jacques, et je n'oublierai jamais l'émotion qu'elle me causa. Votre voix était si faible qu'il fallait s'approcher pour l'entendre. Mais il y avait dans tout ce que vous disiez un tel accent de conviction, une si profonde sincérité, tant de flamme avec tant de précision, qu'on ne se lassait pas de vous écouter. Vous nous parliez d'Homère, de Sophocle, de Démosthène, et de beaucoup d'autres choses, car de ce passé lointain vous aimiez à descendre au présent. Quoique attaché par goût et par devoir à l'antiquité, les choses de votre temps et de votre pays occupaient votre pensée ardente; vous aviez votre opinion sur les questions les plus graves, et vous n'avez jamais hésité à la dire. En une heure et demie, nous faisions souvent le tour du monde à votre suite, et nous revenions dans nos salles d'étude avec des horizons ouverts de tous les côtés. Vous avez formé beaucoup d'élèves, qui n'ont pas tous suivi les sentiers où vous marchiez vous-même; mais, pour différer d'opinion avec vous, ils ne vous en étaient pas moins chers. Vous aviez tant de goût pour l'indépendance de l'esprit que ceux-là vous semblaient être vos disciples véritables qui ne pensaient pas toujours comme vous. Vous nous reconnaissiez pour vos élèves, non pas quand nous reproduisions exactement votre parole, mais quand nous restions fidèles à ces qualités dont vous avez dit, dans votre préface de Pascal, qu'elles sont la tradition et la gloire de notre École : « l'ardeur pour le travail, la gravité des pensées, le zèle du bien, le goût de la vraie science et de la vraie éloquence, et en philosophie comme en toute chose, un égal amour de la règle et de la liberté. »

Cher maître, tous ceux qui ont puisé dans votre enseignement l'amour de ces nobles qualités vous en seront reconnaissants toute leur vie et n'oublieront jamais votre souvenir.

DISCOURS

DE

M. ÉMILE DESCHANEL

SÉNATEUR

PROFESSEUR AU COLLÈGE DE FRANCE

AU NOM DE LA FAMILLE ET DES AMIS

DISCOURS DE M. É. DESCHANEL

Messieurs,

Des voix éloquentes viennent de rappeler quel était cet esprit si éminent, d'une logique si hardie et si intrépide; absolu par nature, impartial par raison; cette âme ardente mais maîtresse d'elle-même; cette plume non indigne de l'immortel écrivain qu'elle a commenté d'une manière définitive, et réfuté pied à pied avec autant de fermeté que de respect; — moi, je veux seulement ici, en quelques mots, dire au nom de ses amis et de sa famille quelle était sa bonté, sa simplicité.

J'en peux rendre témoignage autant ou plus que personne, soit parce que j'ai été successivement, à l'École normale, son élève, puis son suppléant choisi par lui, son collègue plus tard au Collège de France; soit surtout parce que, depuis un demi-siècle révolu, oui, depuis l'année 1839, ce cher maître daignait m'honorer d'une estime affectueuse dont il m'a donné de nombreuses preuves, et qui ne s'est jamais démentie.

Son caractère était aussi précis, aussi solide et aussi sûr que son esprit. Attentif à toute chose par une curiosité naturelle, il était toujours prêt et prompt à discerner ce qui chez autrui, particulièrement chez ses anciens élèves et dans leurs travaux, pouvait être louable. Le soin que le commun des hommes met ordinairement à garder le silence en présence des œuvres d'autrui par esprit d'envie ou de rivalité, il le mettait, lui, à ne laisser passer inaperçue aucune chose qui méritât d'être relevée. Un mot de lui, en pareille occasion, une lettre précise, comme il savait les écrire, était d'un prix inestimable.

Quelque précieux que fût l'emploi des heures de cet incomparable maître, il ne refusait jamais ses conseils; et, quand déjà sa vue était affaiblie par l'âge et par les travaux, il la mettait encore au service de ses amis avec une générosité prodigue.

Cette bonté toujours en éveil, toujours prévenante, ne se bornait point à des paroles; elle allait au devant des occasions d'obliger efficacement; — plusieurs fois je l'ai éprouvé pendant mon exil.

Car son amitié délicate, attentive et dévouée, veillait sur moi d'ici jusque là-bas. C'est elle qui vint m'y chercher; et qui, il y a trente ans, m'en ramena.

Ah! que ce retour fut doux!...

Aucun de ses amis n'a oublié, non plus que moi, avec quelle hospitalité charmante, avec quelle gaieté d'esprit et d'amitié, avec quelle grâce, lui et sa digne femme se plaisaient à les recevoir dans cette maison de Vitry, si heureuse alors et si souriante; — si triste aujourd'hui!...

Hélas! il y a un an et demi, nous rendions avec lui les derniers devoirs à celle qui venait de lui être si cruellement enlevée!... L'un n'a guère survécu à l'autre!... Renouvellement de douleur pour leurs amis comme pour leurs enfants!...

Puisse, pour ceux-ci, la sympathie unanime qui les entoure en ces épreuves redoublées en adoucir un peu l'amertume!

Outre les témoignages illustres du Collège de France, de l'École normale, de l'École des Hautes Études, de l'Institut, et de la Légion d'honneur qui est également représentée près de cette tombe, tous les fils universitaires de M. Havet et tous ses amis viennent ici par ma voix s'associer à leur deuil profond.

Adieu, cher maître et véritable ami! Adieu!

TABLE

Discours de M. Bouillier, président de l'Académie des Sciences morales et politiques......... 1

Discours de M. Renan, administrateur du Collège de France.............................. 9

Discours de M. Albert Réville, président de la 5e section de l'École des Hautes Études (Sciences religieuses)........................... 17

Discours de M. Gaston Boissier, président de l'Association des anciens élèves de l'École normale.. 25

Discours de M. Émile Deschanel, au nom de la famille et des amis........................ 31

Mâcon, impr. Protat frères.

www.ingramcontent.com/pod-product-compliance
Ingram Content Group UK Ltd.
Pitfield, Milton Keynes, MK11 3LW, UK
UKHW021315190726
13839UKWH00007B/1863

9 782329 607726